Lachsalven.de... das Buch

[Schweinische Qualitätswitze, mit und ohne Niveau]

illustriert und selektiert von

a.petit

Bibliographische Information der Deutschen Bibliothek:
Die Deutsche Bibliothek verzeichnet diese Publikation in der
deutschen Nationalbibliographie; detaillierte bibliographische Daten sind im Internet über http://dnb.ddb.de abrufbar

Lachsalven.de... das Buch

© 2008 a.petit
Alle Rechte vorbehalten
Herstellung und Verlag:
Books on Demand GmbH, Norderstedt

ISBN-13: 978-3-8370-2434-0

Dies ist eine Sammlung der schmutzigsten Witze, Sprüche und Illustrationen der allseits beliebten Internetseite www.Lachsalven.de.

Auf vielfachen Wunsch haben wir endlich eine gedruckte Kollektion zusammengestellt. Selbstverständlich gibt es aber auch immer wieder neue Beiträge auf der Website.

Und das war auch schon alles an Geschwafel. Lassen wir's krachen !

Viel Spaß!!! :-)

...After work...

**Der Schwule
läßt die Arbeit ruh'n,
er freut sich
auf den After-noon.**

...Cochonette...

Sitzt ein Ehepaar im Restaurant, als der Frau
der Löffel in die Suppe fällt und ergiebig auf
ihre Bluse spritzt.
"iiiiih, ich seh ja aus wie ein Schwein!" sagt sie.
"Stimmt... und bekleckert hast du dich auch
noch."

...Creutzfeldts Jakob...

Warum kriegen Männer kein BSE ?

... weils Schweine sind!

...In Suffizienz...

...haben Sie vielleicht Probleme mit Alkohol?

Nein, nur ohne.

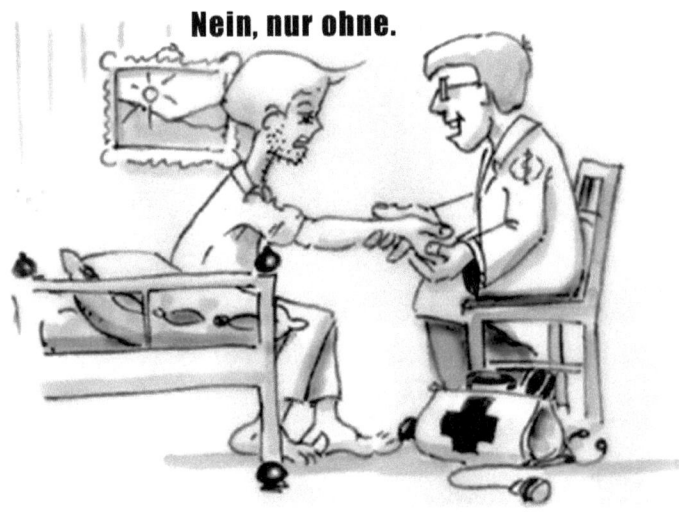

...schnarchetypische Ethologie...

Warum schnarchen Frauen nicht?

Weil Männer eh nicht zuhören können.

...Milkshake ...

Ich hab den Zipfel in der Hand,
da wird er prall- wie interessant!
Ich streichle ihn mit sanfter Kraft,
da spritzt er schon, der weiße Saft.
Nun schwebe ich auf rosa Wolken,
...das erste mal `ne Kuh gemolken!

...Rückzieher...

...Zapfenstreich...

Pinocchio geht zu Gepetto und fragt:
"Ich hab jetzt ne Freundin. Und der tut es so
weh wenn wir es machen. Holzsplitter,
weißt Du!" Gepetto:"Nimm doch einfach
feines Schleifpapier, damit kriegst Du ihn
schön glatt"...
2 Wochen später: "Und, Pinocchio,
was macht die neue Freundin?"
"Freundin?! Ach die- scheiß' auf die Weiber!"

...Lebenslust ...

Eine Oma wird 100 und bekommt Besuch von
der Lokalredaktion. "Was ist Ihr Rezept für ein
langes Leben?" fragt der Reporter.
"Alkohol, Drogen und viel Sex" antwortet sie.
"Aha... wann hatten Sie denn zuletzt Sex?".
"Neunzehnfünfundvierzig". "Das ist aber schon
lange her!" bemerkt der Redakteur.
"Stimmt Süßer, jetzt ist ja schon 20.15".

...himmlische Halbzeit...

...pure Berechnung...

Nennt Eure Kinder Eins und Zwei!
Warum?

Sollte eins sterben, habt ihr immer noch Zwei.

... feiner Pinkel ...

Gott im Paradies: "Ich habe zwei Geschenke für euch. Das eine ist ein Pimmelchen. Damit kann man im Stehen pinkeln".
"Toll, das nehme ich!" ruft Adam, und Eva ist einverstanden. Also rennt er begeistert los und pißt alles voll.
"Und was ist das zweite Geschenk?" fragt Eva.
"Hirn"

...Bodenprobe...

Opi geht in den Puff. Dort steht ein Schild: Bett
100 Euro, Teppich 20. Er zückt einen
Hunderter und gibt ihn der Dame seiner Wahl.
Darauf sie: "Tja, Opi- in deinem Alter braucht
man's gemütlich, wa?!".
"...wieso? Fünf mal Teppich, bitte!"

...blonde cookies...

Wieviele Blondinen braucht man um einen
Schokoladenkuchen zu backen?

Drei. Eine macht den Teig und die anderen
schälen die Smarties.

...Handy-Shop...

...Manna für Manni...

Manni hat sich totgesoffen, aber Petrus gibt ihm noch 'ne Chance. "Wähle zwischen zwei schweren Prüfungen, wenn Du wieder auf die Erde zurückgehst... Parkinson oder Alzheimer?". "Parkinson" brüllt Manni sofort und Petrus wundert sich über seine Entscheidungsfreudigkeit. "Wieso Parkinson?" fragt er. "Lieber'n Bier verschüttet, als vergessen!".

...Zahlungsverkehr...

Ein Vollidiot kommt zufällig an einem Puff vorbei und klopft. Als eine leicht bekleidete Dame öffnet fragt er ob fünf Euro reichen würden. "Für fünf Euro kannst du dir da hinten einen wixen", lacht sie ihn aus und knallt die Tür zu. Minuten später klopft es noch mal und er steht wieder vor der Tür. "Was willst du noch?" fragt sie, und er "...bezahlen".

...Saugummi...

...Diagnose: Spiralus Maximensis...

"Herr Doktor, ich hab Probleme mit meiner
Spirale". "Na, dann kommen Se doch
erst mal rein".
....doing, doing, doing, doing.....

...Herdentrieb...

Auf der Alm, da kannst Du lieben,
denn im Herbst wird abgetrieben.

...schön abgedichtet...

Alkohol, Du böser Geist,
Auch wenn Du mich zu Boden reißt,
ich stehe auf, Du boxt mich nieder,
ich kotz Dich aus und sauf' Dich wieder!

...Postmortem...

Zwei Polizisten sollen den Fund einer Leiche
vor einer Schule protokollieren.
"Wie schreibt man Gymnasium?" fragt der
eine. Sagt der andere: "Weiß nicht- schleppen
wir ihn zur Post!"

...Stunk...

Ein Päarchen fahrt durch die Winterlandschaft,
als es an der Straße ein halb erfrorenes
Stinktier entdeckt. Die Frau steigt aus und
nimmt es mit ins Auto. "Leg es doch zwischen
deine Beine, da ist es wärmer" meint der
Mann, worauf sie entgegnet: "Aber der
Geruch?!" "Dann halt ihm eben die Nase zu!"...

...Knitterlook...

...Mundstuhl...

Ein Rülpser ist ein Magenwind,
der nicht den Weg zum Arschloch find'.

...löchernde Fragen...

Was wächst aus dem Boden, worauf kann man
sitzen und was macht ein Loch in die Wand?

Ein Baum, ein Stuhl und eine
Bohrmaschine, Du Idiot!

...Fleischeslust...

Revolte im Frauenknast. Alle Verhandlungen
sind gescheitert, als sich der Gefängniskoch
anbietet es mal zu versuchen. Er geht also rein
und nach 2 Minuten ist der Spuk beendet.
"Unglaublich...!" staunen die Journalisten "
...was haben Sie denn gesagt?".
"Ab in die Zellen oder ich schneide
ab heute die Würstchen".

...ehrliche Po-sition...

...von hinten muß ich nicht lächeln....

...Seemannsbraut...

...über die Alkohol...

Neueste Forschungen ergaben, daß im Alkohol
viele weibliche Hormone enthalten sind.
Denn man redet wirres Zeug und kann nicht
mehr einparken.

...Bananen-Republik...

Warum ist kürzlich durch eine Falschmeldung
des amerikanischen Zoll-Ministeriums der
Markt für Vibratoren zusammengebrochen?
... weil es hieß, man dürfte wieder Lebensmittel
einführen.

...Sitten und Bäuche...

...Silber-Rücken...

Ein Typ kommt als Nervenbündel aus seinem Afrika-Urlaub zurück. Seine Freunde fragen ihn was denn passiert sei. "Wir haben eine Urwaldtour gemacht... ich habe die Gruppe verloren... dann war da eine Lichtung... und ein Gorilla... der hat mich von hinten durchgefickt". "Ach, das ist doch nicht so schlimm!" meinen die Kumpels. "Doch!" sagt der Urlauber "...er schreibt nicht, er ruft nicht an..."

...schwimmend verlegt...

Ein Fliesenleger hat im Wohnzimmer edle Kacheln verlegt, auf dem seine Frau gern Gymnastikübungen macht. Nackt. Eines Morgens macht sie einen Spagat und bleibt kleben- festgesaugt! Als er sie auch mit Gewalt nicht losbekommt holt er seinen Meister, denn der weiß immer Rat. Sofort sagt er "Ausschneide!", worauf der Fliesenleger meint "Meister- 300 Mack de Quadratmeder biste verrickt?!" Dann sieht er wie der Meister seiner Frau an den Nippeln spielt und fragt: "Meister- was machstn da?" Und er:" ...da werd se naß, schiebe mer se in die Küch, da is billischer!"

...Afterburner...

**Buah, is' der
Vogel schnell !!!**

**Das wärst Du
auch, wenn Dir
der Arsch brennt.**

...weniger ist mehr...

Eine Engländerin ist nach der Hochzeitsnacht
direkt in die Flitterwochen gefahren. Erschreckt
hatte sie jedoch festgestellt, daß ihr Bräutigam
nur ein Bein hat. Aufgeregt ruft sie bei ihrer
Mutter an und sagt: "Mom, my husband has
only one foot !!!". Worauf die Mutter antwortet:
"Lucky girl ! Your father has only 2 Inches".

...Fingerfarben...

Ein Schwarzer aus Berlin hat nach einem
Unfall einen weißen Mittelfinger angenäht
bekommen. Wochen später fährt er in der
Mittagszeit mit dem Bus, als ihn eine
kurzsichtige Dame anspricht. Sie fragt:
"Na, Herr Schornsteinfeger- schnell mal
Daheim gewesen?!"

...Rammlers Preisfrage...

...animalische Gelüste...

Der Bauersohn geht mit der Magd spazieren,
als er auf einer Weide einen Stier auf einer
Kuh entdeckt. Da wendet er sich zur Magd und
sagt: "Das was der Stier da macht, würde ich
jetzt auch gern tun!" Darauf sie:
"Kannst Du ja- sind ja Deine Kühe!"

...scharfer Hund...

Der Richter wiederholt die Aussage: "Sie
gingen also nichts ahnend durch den
Hinterhof, als der Dobermann sich in ihrem
Hinterteil verbiß". "Ja, so war's!" antwortet der
Kläger. Darauf hin wendet sich der Richter
zum Angeklagten und fragt:
"Stimmt das, Herr Dobermann?"

...Berthold Bricht...

...Dienstwege...

Das Finanzamt zieht um und die Mitarbeiter sind angehalten etwas mitzuhelfen. Der Amtsleiter sieht wohlwollend, daß sich dort nun viele Beamte tummeln die jeweils 2 Aktenordner transportieren. Bis er auf Müller trifft. "Müller- warum tragen Sie nur einen Ordner?" herrscht er ihn an. Und Müller entgegnet: "Was kann ich dafür, daß die anderen zu faul sind zwei mal zu gehen?!"

...Sprechblase...

Frau Meier macht Kreuzworträtsel und fragt Ihren Männe: "...weibliches Geschlechtsorgan?". Er: "...senkrecht oder waagerecht?". Sie: "...waagerecht". Er: "Dann ist es der Mund!"

...Alkohol.Doc...

**Mit Ihren Blutwerten kann ich überhaupt
nichts anfangen - viel zu viel Alkohol !!!**

**Dann komme ich
wieder, wenn Sie
nüchtern sind.**

...feuchte Freuden...

Des kleinen Mannes Sonnenschein;
bumsen und besoffen sein.

...Hotel Ritz...

Was ist die Gemeinsamkeit einer Kreissäge
und einer Muschi?

Wenn man nicht aufpaßt
ist der Finger im Arsch.

...Nagelprobe...

Was ist der Unterschied zwischen Jesus und
Casanova?

Der Gesichtsausdruck beim nageln.

...Frühsport...

Schüchtern geht die Sonne auf,
Federwölkchen fliegen,
frisch gefickt steht Mutti auf,
Vati bleibt noch liegen.

...Faden-Geschmack im Mund...

...böses Blut...

Warum kriegen Frauen ab einem gewissen
Alter ihre Tage nicht mehr?
... weil sie das Blut in den Krampfadern
brauchen.

...Schwarzes, scharf...

Ein Missionar in Afrika wird von einem
Schwarzen zur Rede gestellt, denn seine Frau
hat ein weißes Baby geboren.
"Eine Laune, der Natur!" antwortet der
Missionar "...schau Dir Deine Herde an, da gibt
es auch manchmal schwarze Schafe!"
"OK...Schwamm drüber..." sagt der Neger
"...aber Du verrätst mich auch nicht !"

...Papa ante Portas...

...aha!...

Was verkauft ein Staubsaugervertreter?
..... Staubsauger.
Was verkauft ein Rasierklingenvertreter?
..... Rasierklingen.
Und was verkauft ein Volksvertreter?
.....

...Luftnummer...

Ich liebe dich, ich bumse dich,
im sitzen und im liegen
und wenn wir einmal Englein sind,
dann fick' ich dich im Fliegen.

...Munddusche...

...einfach himmlisch...

Es lebe die Liebe,
der Sex und der Suff,
der tägliche Beischlaf,
der Papst und der Puff.

...Gelbstrafe...

Was kriegen Holländer, die drei mal durch die
Führerscheinprüfung gefallen sind?

...... 'n gelbes Nummernschild.

...dirty housewife...

"Jaaa, Baby- sag' mir was schmutziges !!!"

"Küche, Bad, Wohnzimmer..."

...verjagd...

Treffen sich zwei Jäger. Beide tot.

...beschissene Antwort...

Reportage im Altersheim.
Die Journalistin befragt einen uralten
Mann über seinen Tagesablauf.
"Frühmorgens, was machen Sie da?" fragt sie,
und die Antwort des Greises ist kurz:
"Pissen"
"Und danach?"
"Kacken"
"Und dann?"
"Dann steh' ich auf"

...Spielbank...

**Zwei Mädels saßen auf der Bank
und rieben sich den Kitzler blank-
da sprach die rechte zu der linken:
...riech mal wie die Finger stinken !**

...schmutzige Gewerbezone...

Treffen sich zwei Nutten in Mainz.
Sagt die eine: "Mainz is n' dreckiges Loch".
Sagt die andere: "Meins auch!"

...junges Gemüse...

Was ist grün und hüpft durch den Wald?

Ein Rudel Gurken.

...enorme Poportion...

"Du, Schatz- soll ich mir auch die Brust vergrößern lassen?"

"Nein . . . nimm doch einfach Klopapier
und reibe es jeden Tag zwischen
deinen kleinen Dingern."

"Was . . . das funktioniert ???"

"Klar - bei deinem
Arsch hat's ja
auch geklappt . . !"

...Wassermusik...

Im Wald, da rauscht ein Wasserfall,
wenn's nicht mehr rauscht ist's Wasser all'.

...sehr gefragt...

Der Bräutigam in der Hochzeitsnacht:
"...bin ich wirklich Dein erster
Mann?"
Darauf sie: "Natürlich! Aber wieso müßt ihr
Kerle immer das selbe fragen?"

...Bauchgefühl...

Gehn wir noch 'n bißchen anschaffen oder ne Currywurst essen?

Mir egal.
Hauptsach'
was warmes
im Bauch !!!

...Großmaul...

Bei einer Krokodilshow führt der Dompteur ein besonderes Kunststück vor. Er zieht die Hose runter und legt dem Krokodil sein Ding ins Maul. Dann schlägt er ihm volle Kanne auf den Schädel, doch das Krokodil regt sich nicht. "Wer sich da traut bekommt 1000 Dollar!" ruft er ins Publikum. Eine alte Dame meldet sich und sagt:"O.K ich mach's! Aber hauen Sie mir nicht ganz so fest auf den Kopf !"

...Cunilingualus...

Was ist der Unterschied zwischen Französisch und Altfranzösisch?

... Altfranzösisch ist ohne Zähne.

...Verkehrszählung...

...Ford Siesta...

Ich möchte mal sterben wie mein Großvater.
Ganz friedlich und im Schlaf.
...und nicht schreiend, wie seine Beifahrer.

...Vorspeise und Hauptgericht...

Ein hochschwangeres Mädchen erscheint mit
ihrer besten Freundin bei Gericht zu einer
Vaterschaftsklage. Der Richter wendet sich
zu dieser Freundin und fragt:
"Wer sind Sie denn- haben Sie auch eine
Ladung bekommen?". Darauf sie:
"Nein Herr Richter, mich hat er nur geküßt".

...Teufelsbraten...

"Letzten Sonntag geht meine Frau in den Keller, um den eingelegten Braten zu holen, stürzt die Treppe runter - sofort tot !"

"Buah krass! Und was habt ihr dann gemacht ?"

"Spaghetti."

...Wie von oben, so von unten...

Was ist der Unterschied zwischen einem
Blitzableiter und einem Bidét?

Der Blitzableiter ist ein Blitzschutzgerät,
und das Bidét ist ein Schlitzputzgerät.

...Ehe (errare humanum est)...

Ein Ehepaar:
Sie: Wenn mir was passiert, würdest Du dann
wieder heiraten?
Er: Nein.
Sie: Warum denn nicht?
Er: Also gut, dann heirate ich eben.
Sie: Würdest Du dann mit ihr in unserem Bett
schlafen?
Er: Wo denn sonst?
Sie: Würdest Du ihr meinen Schmuck schenken?
Er: Was soll ich sonst damit machen?
Sie: Und kriegt sie auch mein Auto?
Er: Nein, sie hat keinen Führerschein ....
......oh Scheiße !

...Nachbarskinder...

...dirty talk...

Eine junge Dame kommt in einen Laden und
bittet den Verkäufer ihre Mutti anrufen zu
dürfen, weil ihr Gepäck gestohlen wurde.
Er: Das kostet 100 Euro! ...Die hab ich nicht,
ich würde aber alles dafür tun! ....Alles?! ...Ja...
Dann knie' Dich vor mir nieder! ...Ja.... Hol' ihn
raus! ...Ja... Und jetzt fang an! ... Hallo Mutti,
kannst Du mich hören?!

...Das Imperium schlägt zurück...

Einem Klugscheißer im Zug ist langweilig und
quatscht seine blonde Sitznachbarin an:
"...ein Spiel! 10 Euro, wenn Sie meine Fragen
beantworten können und umgekehrt" ...nö!...
"Gut- dann zahle ich halt 1.000 Euro und Sie
nur 10 !"...ok!... "Also- wer war der dritte
Präsident von Amerika?" Sie zögert und gibt
ihm 10 Euro. Dann ist sie dran und will wissen
was wie Glas klingt und sechs Augen hat.
Nach einer Stunde kapituliert er, gibt ihr 1.000
Euro und fragt was das denn nun ist. Da
lächelt sie wortlos und gibt ihm 10 Euro.

...Der Mutter sein Kind...

Du, Papi...was ist
eigentlich ein Transvestit ?

Frag' Mutti, der weiß das.

...Whiskey on the cocks...

Ein Typ trifft eine Fee und darf sich was
wünschen. "Ich würde gerne Whiskey pissen"
sagt er, geht nach Hause zur Frau, stellt 2
Gläser auf den Tisch und pißt sie voll.
Whiskey! Die beiden trinken genüßlich. Am
nächsten Abend stellt er wieder 2 Gläser auf
den Tisch strullt hinein und wieder ist es
Whiskey. Als er am dritten Abend nur ein Glas
auf den Tisch stellt fragt die Frau was mit
ihrem wäre und er antwortet:

"Heute säufst Du aus der Flasche!"

...Pizza al Porno...

Was ist der Unterschied zwischen einer
polnischen Nutte und einer Pizza?

... ne Pizza gibt's auch ohne Pilze.

...Mösikalisches...

Die Möse ist kein Grammophon,
sie singt auch keine Lieder.

Sie ist vielmehr Erholungsort
für steif gewordne Glieder !

...Stoßverkehr...

Warum haben Blondinen keine
Haare an der Muschi?

... schon mal Gras auf der Autobahn
wachsen sehen ?!

...Hohldampf...

Gehen zwei Idioten die Bahngleise lang.
Der eine sagt dauernd er hätte sooo einen
Hunger. Sagt der andere:
"Idiot! Dann friß doch ne Schiene !".
"Selber Idiot! Die sind doch viel zu hart !".
"Vollidiot! In hundert Metern
kommt 'ne Weiche !"

...Lippenbekenntnis...

...Sattelschlepper...

Die Frau eines Jägers will unbedingt mal mit auf die Pirsch. "O.K..." sagt er "...wir teilen uns auf und wenn Du was erlegt hast, gehst Du sofort zum Wild, rufst mich und läßt es Dir von keinem anderen Jäger streitig machen!".
Einige Zeit später hört er Schüsse vom benachbarten Ansitz und aufgeregte Stimmen. Als er dort ankommt hört er einen Mann noch sagen: "Gut- dann ist es eben ihr Reh... aber den Sattel nehm ich mit !"

...Wasser Marsch!...

"Es ist mir scheiß egal, wie Dein Vater heißt! Wenn ich hier angel' gehst Du nicht über's Wasser !!!"

...Essen mit Spaß...

...Walfett...

Woran erkennt man, daß man zu
dick geworden ist?

Wenn man am Strand liegt und die
Leute von Greenpeace versuchen einen
zurück ins Meer zu ziehen.

...hartes Brot...

Ein Mann mit Erektionsstörungen geht zum
Arzt. Dieser rät ihm zu einem Hausmittel,
nämlich viel Weißbrot zu essen. Sofort geht
der Mann in eine Bäckerei und bestellt 5 Kilo
Weißbrot. "Fünf Kilo?..." fragt die Verkäuferin
erstaunt "...da wird ja die Hälfte hart!".
"Dann nehm ich zehn!!!"

...junge Wurst...

...Herren sind herrlich...

Warum haben Männer keine Krampfadern?

... weil's besser aussieht !

...sie legt Wert auf Spiegel...

Die Tochter hatte sich Vatis teuren Mercedes
ausgeliehen und kommt nach Hause.
"Du, Vati..." sagt sie "...ich habe Deinen
Außenspiegel abgefahren".
"Ist doch nicht so schlimm, das kann man
reparieren!" antwortet Vati, "aber
warum hast Du ihn nicht gleich mitgebracht?"
"Das Auto liegt noch drauf..."

...Maßarbeit...

**Warum können Frauen
nicht einparken ?**

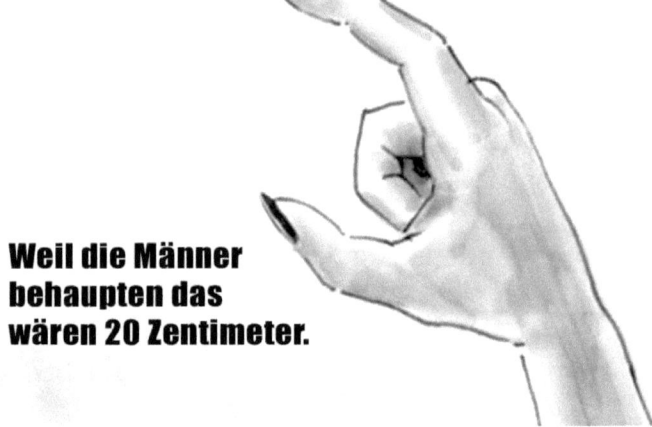

**Weil die Männer
behaupten das
wären 20 Zentimeter.**

...Rauchen schadet ihrer Gesundheit...

Mutti schaut aus dem Fenster und sucht
klein-Erna, die immer mit Paulchen unterwegs
ist. Da raschelt's im Gebüsch. Mutti ruft:
"Was macht ihr denn da schon wieder?" und
klein-Erna antwortet: "Wir ficken!"
"Ach so..." antwortet die Mutter, "...ich dachte
ihr raucht schon wieder!"

...Erbsünde...

Blondinen-Mutter zur Tochter:

"Wenn Du um Zwölf nicht im Bett liegst
kommst Du nach Hause!"

...Schuhwichse...

...dicke Freunde...

... 95% Prozent aller Frauen finden
ihren Arsch zu fett.
Die meisten bleiben aber trotzdem
mit ihm zusammen...

...Eigenbedarf...

Wie nennt der Gentleman die
Selbstbefriedigung?

Liebe an und für sich...

...Heute mal mit Stäbchen...

...gläubige Hexapoden....

Welcher Religion gehören die Ameisen an?
... sind alle InSekten...

...sehr professionell...

Was sagt der Augenarzt, wenn er
sich verabschiedet?
"Auf Wiedersehen!"
Was sagt der Urologe, wenn er
sich verabschiedet?
"Ich verpiß mich!"
Und der Gynäkologe?
"Also Jungs, grüßt Eure Frauen,
ich schau mal wieder rein!"

...Mühsam...

Eine Kuh macht Muh.... viele Kühe machem Mühe.

...kulinarischer Tierschutz...

Was ist Deutschlands beliebtestes
einbeiniges Haustier?

...halbes Hähnchen.

...Hochzeitsnackt...

Ein Bräutigam kommt zum Arzt, weil er keine
Ahnung hat, wie das mit der Hochzeitsnacht
funktioniert. Der Arzt ist mit der Frage
überfordert und geht nervös am Fenster auf
und ab. Plötzlich sieht er von oben, wie es
draußen zwei Hunde treiben. "So machen
Sie's!" schreit er und zerrt den jungen Mann
ans Fenster.
Eine Woche später kommt der neue Ehemann
vorbei, um sich zu bedanken. "Toller Tip, Herr
Doktor- aber bis ich meine Frau erst mal auf
der Straße hatte...!"

...Fahndungserfolg...

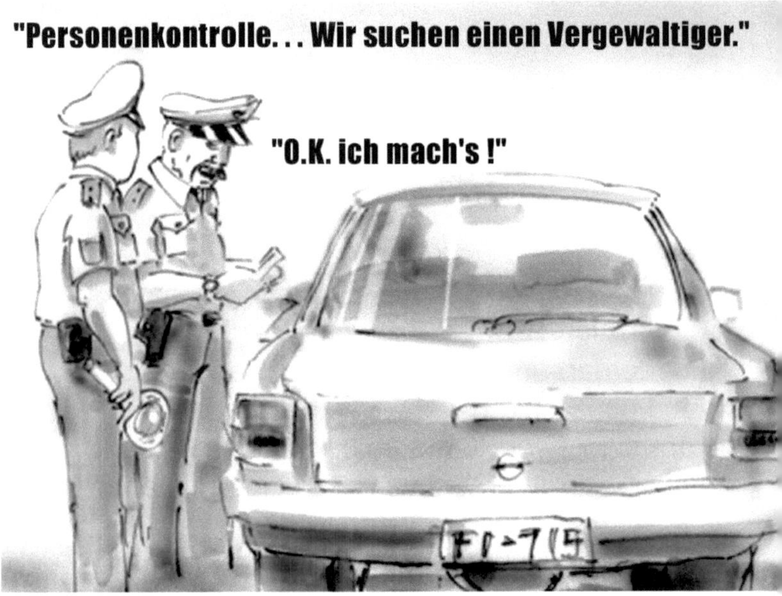

...Rüde Sprüche...

Drei Hunde sitzen beim Tierarzt im
Wartezimmer und fragen sich
gegenseitig, warum sie hier sind.
Der erste sagt:"Ich werde eingeschläfert, denn
als mein Frauchen sich bückte, war ich so geil,
bin von hinten auf sie drauf und hab ihr total
den Rücken zerkratzt": Der zweite:" Genau wie
bei mir, aber ich werd' kastriert". "...und Du ?"
fragen sie den Dritten.
"...ich krieg die Krallen geschnitten..."

...Innensanierung...

Ein Mann möchte sein Haus renovieren und
ruft bei der Jobvermittlung an. "Tut mir leid,"
sagt der Arbeitsvermittler "einen Maler haben
wir nicht, aber einen Gynäkologen". "Das nutzt
mir nix!" sagt der Mann und legt auf.
Nachdem er aber das dritte mal angerufen
hatte, stimmte er schließlich zu und engagierte
zähneknirschend den Gynäkologen.
Eine Woche später ruft er noch mal an und
sagt: "Wirklich toll, ihr Gynäkologe- der hat mir
das ganze Haus durch den Briefkastenschlitz
gestrichen!"

...super Lecker...

"Ich weiß gar nicht, was meine ganzen Freundinnen an Dir finden!" sprach Tanja. Tim schwieg und leckte sich über die Augenbrauen...

...Elefantenhochzeit...

Drei Wissenschaftler wollten Elefanten und Ziegen kreuzen und tauschen bei einem Treffen ihre Ergebnisse aus. Der erste Forscher sagt: "Hat überhaupt nicht geklappt, weil der Elefant beim Anblick der Ziege noch nicht mal eine Erektion bekam." Der zweite berichtet: "Bei mir hatte der Elefant eine Erektion, aber er hat sein Glied nicht reingekriegt". Und der dritte sagt: "Mein Elefant hatte 'ne super Prachtlatte und sie prima reingeschoben ...aber beim Rausziehen war die Ziege auf links."

...beinfrei...

Du- gestern im Zoo hat ein Krokodil
einem Wärter das Bein abgebissen !

Welches denn ?

Blödmann!
die sehen doch alle gleich aus!

...Anzeigenschluß...

Wo steht es, wenn ein Schauspieler gestorben ist?
...Bildzeitung.
Wo steht es, wenn ein Fußballer gestorben ist?
...Kicker.
Wo steht es, wenn Dein Alter gestorben ist?
...Schöner wohnen.

...saubere Logik...

Ein Krämer hat eine Lieferung Sidolin-streifenfrei
bekommen und zeigt seinem Lehrling, wie man es
verkauft. Eine Kundin betritt den Laden und
möchte Gardinenwaschmittel. Der Krämer rät ihr
auch eine Flasche Sidolin mitzunehmen, um die
Fenster zu putzen, während die Gardine
gewaschen wird. Sie ist begeistert. Als die
nächste Kundin kommt, soll der Lehrling sie
bedienen und zeigen, was er gelernt hat. Sie
verlangt eine Packung Tampons und er stellt ihr
direkt eine Flasche Sidolin auf den Tisch. "Was
soll ich denn damit?" fragt sie und der Lehrling
antwortet: "na, wenn de schon nich poppen
kannst, kannste wenigstens Fenster putzen!"

...wie weggeblasen...

Ali ruft morgens bei seinem Chef an und meint,
er habe Kopfschmerzen und könne nicht
kommen. Da sagt der Chef "Is doch gar nich
schlimm, wenn ich morgens Kopfschmerzen
habe, dann laß ich mir von meiner Frau einen
blasen, und schon geht´s mir wieder gut!"
Zwei Stunden später kommt Ali auf die Arbeit
und sagt: "Toller Tip, Chef... und schönes Haus
hast Du!"

...versprochen?...

"Hier, Paul- weißte was mir letztens
passiert ist? Da sitz ich im Reisebüro
gegenüber so ner drallen Blondine und sag
statt 'ich will ein Ticket nach Pittsburgh',
ich will Dich ficken bis Tittsburgh!"
Sagt der andere: "Das ist noch gar nix-
da sitz ich mit meiner Frau am Frühstückstisch
und will fragen 'Gibst Du mir bitte mal das
Salz?' und stattdessen sag ich:
"Du dumme Schlampe hast mir mein Leben
versaut".

...Die alte Frau und das Meer...

...sturzbügeln...

Ein Flugzeug ist dabei abzustürzen.
Da reißt sich eine Dame die Klamotten
vom Leib und schreit: "Ich will noch einmal
eine richtige Frau sein!"
Dann steht ein Mann auf, reißt sich das Hemd
vom Leib und sagt: "...waschen und bügeln!"

...Rachengold...

Zwei Spermien unterhalten sich.
Die erste:"...la-la-la-la-laaaa, wenn ich zuerst
da bin werd ich'n Määädchen... ääätsch!"
Die zweite::"...la-la-la-la-laaaa, wenn ich zuerst
da bin werd ich'n Büüübchen... ääätsch!"
"...da irrt ihr euch..." sagt der Brotkrümel.

...magische Assistentin...

...Freier, Wunsch...

Einem jungen Mann erscheint auf
dem Friedhof eine Fee. Sie sagt:
"Du Glücklicher hast einen Wunsch frei".
Darauf er:
"...bück' Dich Fee- Wunsch is' Wunsch!

...Kellerfete...

In einem Männerkopf sitzt eine
einsame Hirnzelle. Da kommt 'ne
andere vorbei und sagt:
"Was machst 'n Du noch hier? -die anderen
sind schon unten!"

...Spaß nach Wallenstein...

"Spaß muß sein !"
sprach Wallenstein...
und schob die Eier mit hinein.

...aber jetzt zerbeiß ich's...

Sitzt ein Päarchen auf der Parkbank
und knutscht. Sagt er: "Schatz, ich glaub ich
hab dein Kaugummi!"
Sagt sie:
"Nee, ich hab Schnupfen"

...brilliant!...

Was sagt ein Mädchen mit Wixe auf der Brille?

...Ich hab´s kommen sehen!

...Futterneid...

...reiner Schüttler...

Was sagt ein Retortenbaby zu seinem Vater?

...hallo, alter Wixer!

...ausgebeint...

Warum haben Frauen eigentlich Beine?

Keine Ahnung, denn wenn sie mal gebraucht
werden, werden sie eh zur Seite gelegt.

...Blümchensex...

Der Typ da unten, mit den Blumen ist doch Dein Oller?!

Jau. Da soll ich bestimmt mal wieder die Beine breit machen.

Wieso?
Habt ihr keine Vase?

...Muttermünde...

Warum haben Frauen 4 Lippen?

Zwei um Scheiße zu labern, und zwei um sich zu entschuldigen.

...Dolchstoßlegende...

Fritzchen sitzt mit der Mutter in der Badewanne und fragt.
"Was hast Du denn da unten?"
Darauf die Mutter:
"Dorthin hat Gott allen Frauen mit seinem heiligen Schwert geschlagen".
".......was? Mitten in die Fotze?"

...Indiot...

Ist es wahr, dass du meinen Bruder
Fliegender Falke genannt hast,
weil er schon bei der Geburt so
intelligent aussah ?

Was soll die blöde Frage,
Kackender Köter ?!

...Cargodose...

Klein Erna sitzt mit ihrer Mutter in der
Badewanne und will wissen, was Mami da
unten zwischen den Beinen hat.
Da sagt die Mutter:"Das ist meine Vagiiina".
"Und was hab ich?" "Ein Vagiiinchen!"
"Und die Oma?" "Einen Waggon!"

...Nomen est Omen...

Wie heißen die Schwestern von Fix und Foxi?

Packsie und Ficksie.

...Watt?...

"Letzte Woche hab' ich hier einen 3Meter-Fisch gefangen"

"Ich einen Kronleuchter,
wo die Lampen noch geleuchtet haben"

"Ey, das geht doch gar nicht !!!"

"OK. . . Du machst Deinen Fisch kleiner,
und ich schalt' den Strom ab !"

...Fotzenfeudel...

Wie geht die Steigerung von Schamlippen?

Schamlippen- Schamlappen- Schamlumpen

...philosophische Feuchtgebiete...

...stille Wasser sind naß...

...blind date...

...Kinderüberraschung...

Pauline fragt ihren Vater, ob sie heute etwas
länger ausgehen darf. Darauf der Vater:"O.K.,
wenn Du mir einen bläst!" Gesagt getan.
Dann sagt sie plötzlich: "Du, Vati, das
schmeckt aber total nach Scheiße!".
"Ja, dein Bruder wollt ´n Moped".

...Zuckerschnäuzchen...

Was ist der Unterschied zwischen Griesbrei
und einem Epileptiker?

Griesbrei gibt´s mit Zucker und Zimt und der
Epileptiker liegt im Zimmer und zuckt.

...afrikanischer Hausfreund...

...Stripvisite...

Der kürzeste Witz der Welt:

Kommt 'ne Frau beim Arzt

...Uffz!...

Der Unteroffizier sitzt in der Kantine und ißt.
Ein Rekrut setzt sich ungefragt ihm gegenüber.
Da meint der Unteroffizier: "Seit wann essen
denn Adler und Schwein an einem Tisch?!!"
Meint der Rekrut:
"Ok, dann flieg ich halt weiter..."

...Der Prinz kütt...

Einst gab es zwei Königskinder,
die hatten in der Liebe Müh'...
sie wollten zusammenkommen,
doch er kam immer zu früh...

So, das war's aber nu.
...wünsche aber auf jeden Fall noch...

Fröhliche Arschnachten,

Ihr
Weihlöcher !!!

...www.Lachsalven.de...